Anne-Marie Bruch

Ich weiß nicht, was soll es bedeuten ...

Klassische Gedichte aktualisiert

Verlag: tredition GmbH, Hamburg

ISBN
Paperback: 978-3-7439-8470-7
Hardcover: 978-3-7439-8471-4
e-Book: 978-3-7439-8472-1

Verlag und Druck: tredition GmbH, Halenreie 40-44,
22359 Hamburg

Börsenfieber

Hat das hemmende Gewissen
sich doch einmal wegbegeben,
und so will ich, zielbeflissen,
neue Pfade mir nun ebnen.
Zeit wird's, dass der Rubel rollt,
spinnen will ich Stroh zu Gold.

Wallet, wallet, ihr Moneten,
für die Knete hilft kein Beten,
Risiko, Profit, Rendite
lehrt uns die Finanzelite,
dass zum Zwecke Geldstrom fließe
und mit weichem, vollem Schwalle
in die Taschen sich ergieße.

Seht, es läuft schon wie am Schnürchen,
wahrlich, alles ist im Fluss,
aufgestoßen Tor und Türchen,
Pokern heißt der Weisheit Schluss.
Schon zum zweiten Male!
Wie der Geldtopf schwillt!
Wie sich jede Schale
voll mit Kohle füllt!

Wallet, wallet, ihr Moneten,
Wohlstand, reich' mir deine Hand!
Mensch wird Mensch erst durch die Knete,
heilig, heilig Vaterland!

Doch nicht ständig
will ich's treiben,
dieses Glücksspiel ist riskant,
spür' die Folgen schon am Leibe.
„Viel zu spät!" sagt der Verstand.

O du Ausgeburt der Hölle,
o du gottverdammte Gier,
wär' das Zauberwort zur Stelle,
ich schwört' ab dem Wertpapier.

Selbst wollt' ich sein, der Hexenmeister,
doch die Not ist nunmehr groß,
die ich rief, die bösen Geister,
werd' so schnell ich nicht mehr los.

Nach Johann Wolfgang von Goethe „Der Zauberlehrling" 1797

Wo rohe Kräfte sinnlos walten

Festgenagelt an der Wand
hängt das Ding, aus Glas gebrannt,
soll der Blick hinein sich lohnen,
kommt der Segen nicht von oben,
sondern allseits da und hier
von der Schönheitschirurgie.

Gefährlich ist's, die Gier zu wecken,
zu optimieren Zahn um Zahn,
doch hört, der schrecklichste der Schrecken,
das ist der eitle Jugendwahn.

Da werden Weiber zu Hyänen
und geben sich dem Rausche hin,
sich fast im Paradies schon wähnen,
denn Schönheit, die bringt Lustgewinn.

Auf der Stirne heiß
legt die Falten man auf Eis,
spritzt Botox und auch Hyaluron,
was d'raus entsteht, ist oft ein Hohn.

Der Meister kann die Form zerbrechen
von Nase, Mund, zur falschen Zeit,
doch wehe, wenn in stürzend Bächen
das Silikon sich selbst befreit!

Mit des Geschickes Mächten
ist kein ew'ger Bund zu flechten.
D'rum prüfe, wer sich häufig liftet,
ob er die Psyche nicht vergiftet.
Der Preis ist hoch,
die Reu ist lang.

Nach Friedrich von Schiller „Die Glocke" 1799

Im Birnbaum

Herr Ribbeck aus Ribbeck im Havelland
im Birnbaumgeäst ein Toupet eins fand,
sehr hübsch gebettet von Vögeln ins Nest,
doch reichlich verschmutzt und vom Regen durchnässt.

Zunächst blickte Ribbeck verwundert, verdrossen,
doch siehe da, es passte wie angegossen.

Nun lehnte die Leiter er fest an den Stamm
und stieg drauf hinauf, sehr mühesam,
die Birnen zu ernten war er heut' bereit,
die saftig und reif, s'war Herbsteszeit.

Die grünen der Früchte schon runzelten die Stirn,
und auch die anderen rotwangigen Birn',
die lachten und lachten, denn das, was sie sah'n,
das war auch zu komisch, doch nein, s'war kein Wahn.

Das Toupet hing dem Ribbeck ganz tief ins Gesicht,
es wollte nicht halten, das lag am Gewicht,
und als er nach oben war endlich geklettert,
da brach's auseinander, zerrupft und zerfleddert.

Da endlich sah Ribbeck, was es denn so war,

nein, kein Toupet und nichts, was aus Haar,

einen Fladen aus Dreck und Kuhmist gebaut

hatte er sich gesetzt wie `ne Krone aufs Haupt.

Man hörte ihn fluchen in luftigen Höh'n

über das, was auf oberster Sprosse gescheh'n,

doch die Birnen, die kecken, die hatten viel Spaß

und lachten und lachten sich beinah' `nen Ast.

Nach Theodor Fontane „Herr Ribbeck aus Ribbeck im Havelland" 1889

Kurzer Prozess

Wer reizt mich tagtäglich, treibt mich zum Geheule?
Es ist der Hallux, die alte Beule.
Er hat meinen Fuß ganz fest okkupiert,
treibt darauf nichts Gutes, so recht ungeniert.

O Hallux, was birgst du so bang dein Gesicht?
Siehst du des Messers Schneide nicht,
die Schere, die Säge, dazu das Besteck?
Noch fünf Minuten, dann bist du weg!

Ich hasse dich, mich reizt deine plumpe Gestalt,
und bist du nicht willig, so brauch' ich Gewalt.
Das Messer, geschliffen scharf wie noch nie,
es schneidet dich ab – ohne Anästhesie.

Obwohl es mich graust, säg' los ich in Eil,
halt' bald in den Händen das blutende Teil,
werf's in den Müll, denk' dabei an Mord,
an meinen Füßen, der Hallux ist fort.

Nach Johann Wolfgang von Goethe „Der Erlkönig" 1782

Herbst des Lebens

Schaurig ist's, im Herbst des Lebens zu steh'n,
wenn die Gelenke knacken ohn' Ende,
schaurig ist's, nicht nur im Geh'n,
wenn Rheuma und Gicht dich packen behende.

Schaurig ist's, in den Spiegel zu seh'n,
wenn dein Antlitz dir zulacht so hämisch,
schaurig ist's, sich täglich nackt zu seh'n,
wenn der Körper verfällt – und man schämt sich.

Schaurig ist's, nicht zu wissen, wohin
die Reise des Lebens wird gehen,
schaurig ist's, nicht zu erkennen den Sinn,
ob auf der Welt man wohl aus Versehen.

Schaurig ist's, über den Friedhof zu geh'n,
wenn die Toten von überallher rufen,
schaurig ist's, sich kurz umzudreh'n
auf den letzten Lebensstufen.

Nach Annette von Droste-Hülshoff „Der Knabe im Moor" 1842

Klagelied

Freunde schöner Götterlocken,
Coiffeure im Elysion,
wir betreten wonnetrunken
o Heilige, den Friseursalon.

Eure Zauber binden wieder,
was der Gene Schwert geteilt,
hoch leben Schwestern und auch Brüder,
die dies Schicksal hat ereilt.

Wem der große Wurf gelungen,
auf die Haarpracht stolz zu sein,
bis ins Alter sie errungen,
stimme in den Jubel ein.

Haare heißt die starke Feder
in der ewigen Natur,
Haare, Haare treibt die Räder
in der großen Weltenuhr.

Frohsinn lockt sie aus der Fülle,
Trübsinn, wenn es sie nicht gibt,
umsonst der allerstärkste Wille,
wenn man sein Haar nicht wirklich liebt.

Wohl dem, der auch nur eine Locke
sein nennt auf dem Erdenrund,
und wer's nie gehabt, der stehle
traurig sich aus diesem Bund.

Seid umschlungen, ihr Millionen
haarlos Leidende der ganzen Welt!

Nach Friedrich von Schiller „Ode an die Freude" 1785

Gebet

Herr, es ist Zeit. Die Angst ist riesengroß.
Fang den Erdball auf und lass ihn nicht mehr los.

Befiehl den Völkern, klug zu sein,
schenk der Politik Visionen,
gib den Menschen Kunstsinn ein,
schaff ab die Weltreligionen.

Wem durch des Schicksals Macht
kam die Existenz abhanden,
der hat verlor'n, dir sei's geklagt,
wird arm und in der Gosse landen.

Wer nichts besitzt, wird nichts bekommen,
wer einsam ist, wird es wohl immer bleiben,
resignieren und an sich selbst verzweifeln.

Herr, es ist Zeit, leg deine Faust auf Macht und Gier,
jag' aus den Köpfen den blinden Wahn,
wirf den Planeten nicht aus seiner Bahn.

Herr, es ist Zeit!

Nach Rainer Maria Rilke „Herbsttag" 1902

Frage der Fragen

Dieser Teil, der von Natur
meinem Körper anvertraut,
rund, ästhetisch, glatt und pur,
wirft so manche Fragen auf.

Ist es so ein fleischlich Wesen,
das dereinst ward' zweigeteilt?
Sind es zwei, die sich erlesen,
der eine gern beim andern weilt?

Ist es ein gebeutelt' Paar,
das in Eintracht sich getrennt,
dennoch immer, Jahr für Jahr,
den andern treulich anerkennt?

Kann man sich darauf platzieren,
weil es, streng genommen, zwei
Hälften sind, die partizipieren
im Gefecht der Liebelei?

Diese Frage zu erörtern,

raubt mir einfach den Verstand,

und die Suche nach den Wörtern

gleitet schnell mir aus der Hand.

Lasset mich darum bekunden,

dass es wohl ein Ganzes ist,

eng in Harmonie verbunden,

eins und dennoch doppelt ist.

So wie Mann und Frau sich finden

und vereinen mit Gewinn,

als starke Einheit sich empfinden,

so gilt auch hier: Zweisamkeit macht Sinn.

Nach Johann Wolfang von Goethe „Gingko Biloba" 1815

Untergang

Ich weiß nicht, was soll es bedeuten,
dass ich so traurig bin,
das Lachen aus uralten Zeiten,
es kommt mir nicht mehr in den Sinn.

Mein Herz hat den Rhythmus verloren
und zäh fließt dahin schon mein Blut,
oft rauscht es mir stark in den Ohren,
weil der Tinnitus längst darin wohnt.

Vom Barschrank hoch oben winkt mir
die Cognacflasche zu:
„Komm her, mein Freund, ich schenk dir
mit zwei, drei Promille die Ruh'!"

Ich kann dagegen nichts machen
und treibe so ziellos dahin,
versuche oft krampfhaft zu lachen,
weiß längst nicht mehr, wer ich denn bin.

Bald spür' ich den Widerstand weichen
und geb' mich dem Alkohol hin,
missachte in mir die Warnzeichen,
das Leben, es hat keinen Sinn.

So kommt es, dass die Wellen verschlingen
am Ende Schiffer und Kahn,
und das hat mit ihren Schwingen
die Depression getan.

Nach Heinrich Heine „Die Lorelei" 1824

Mitte des Lebens

Midlife lässt das Meterband
flattern um die drallen Hüften,
herbe, unbekannte Düfte
streifen durch mein Nachtgewand.
Zarte Fältchen träumen schon,
wollen balde kommen,
im Haar der erste Silberton,
Alter, ach, ich ahn' es schon,
du bist's, dich hab' ich vernommen.

Nach Eduard Mörike „Frühling lässt sein blaues Band wieder flattern durch die Lüfte" 1828

Hochzeitstag

Im Nebel ruhet noch die Welt,
„Mann" träumt selig vor sich hin,
bald sieht er, wenn der Schleier fällt,
die reife Braut, ganz unverstellt,
herbstkräftig in gedämpftem Gelb,
und gold'ne Mitgift fließen.

Nach Eduard Mörike „Septembermorgen" 1827

Sehnsucht

Die hohe Altersschranke,
sie trennte dich und mich,
doch unsere beiden Seelen
rankten von selbst darüber sich.

Du trotztest der Barriere,
so hoch sie immer stand,
gabst auf Ruf und Karriere
und reichtest mir die Hand.

So gingen wir in Liebe
des Wegs ein ganzes Stück,
der Tod war unnachgiebig,
es währte kurz das Glück.

Ach, schrittest du durch den Garten
noch einmal in raschem Gang,
wie gern wollt' ich dort warten,
warten auf dich – stundenlang.

Nach Theodor Fontane „Im Garten" 1895

Traum des Glücks

Du meine Wonne, du mein Schatz,

o du mein treuer Liebesersatz,

mein Himmel du, darin ich schwebe,

allein mit dir ich überlebe,

zart schmelzend, herb, quadratisch, rund,

du Traum des Glücks, machst mich gesund.

Dass du mich liebst, macht mich mir wert,

seh' all die Welt durch dich verklärt,

ob Milch- ob Bitterschokolade,

du bist der Fluss, in dem ich bade,

doch auch mein Grab, in das ich steige,

wenn die Reserven geh'n zur Neige,

du hebst mich tröstend über mich,

mein guter Geist, verlass mich nicht!

Nach Friedrich Rückert „Wahre Liebe" 1846

High Heels Hymne

Es muss ein Fuß
bei jedem Schuh
bereit zum Tragen sein,
auch unter Schmerzen,
um sich in Tapferkeit
und ohne Zweifel
in neue, enge Bindungen zu geben.

Denn diesen „High Heels"
wohnt ein Zauber inne,
der ihn beschützt
und der ihm hilft zu gehen.

Wohlan denn, Fuß,
pariere
und jongliere!

Nach Hermann Hesse „Lebensstufen" 1941

Genuss ohne Reue

O iss,
solang du essen kannst,
solang du essen magst,
die Stunde kommt, die Stunde kommt,
wo der Gewissensbiss ganz heftig
deinen Magen plagt.

Und sorge,
dass die Essenslust
niemals in dir verglüht,
solange dir der Arbeitsfrust
schlägt heftig aufs Gemüt.

Und wenn der Blutdruck auch hochschießt,
o tu ihm, was du kannst, zulieb,
und mach ihm jede Stunde froh,
und mach ihm keine Stunde trüb.

Und hüte das Geheimnis wohl, schnell ist
die Gier gezähmt,
o Gott, es war nicht bös gemeint,
das Herz jedoch verkalkt und weint.

O iss,

solang du essen kannst,

solang du essen magst,

die Stunde kommt, die Stunde kommt,

wo der Gewissensbiss

an deinem Grabe steht und klagt.

Nach Ferdinand Freiligrath „O lieb, solang du lieben kannst" 1829

Entzauberung

Mit schweren Perlen hänget
und voll mit Diamanten
das Collier ins Dekolleté.

O holde Venus!
Und trunken von Küssen
senkst du die Lust
ins heilignüchterne Becken.

Weh mir!
Wo nehm' ich im Alter
die Schönheit,
und wo die Lebenslust,
den Partner der Liebe?

Die kalten Perlen sind sprachlos,
im Winde klirren die Diamanten.

Nach Friedrich Hölderlin „Hälfte des Lebens" 1804

Kavaliersdelikt

Am Brunnen saß die Lore
vor einem Lindenbaum.
Sie träumt' in seinem Schatten
den kühnsten Liebestraum.

Sie träumt', es käm' geritten
ein wilder Kavalier,
Franzose oder Brite,
egal, ein Gardeoffizier.

Von Sehnsucht angetrieben,
warf ihm sich an die Brust
das Mädchen, wollte lieben
den Mann mit Herz und Lust.

Scharf schnitt sie in die Rinde
„Mein Herz schlägt nur für dich",
da kam auch schon geschwinde
der Mann im Dämmerlicht.

Die kalten Winde bliesen
ihm voll ins Angesicht,
der Hut flog ihm vom Kopfe,
er wendete sich nicht.

Die Lindenzweige rauschten,
und Lore rief ihm zu:
„Komm her zu mir, Geselle,
hier find'st du deine Ruh'!"

Er wollt' die Ruh' nicht finden,
wollt' ziehen weiter fort,
sich nicht für immer binden
an einen einzigen Ort.

Die Lore saß am Brunnen
und dacht' mit Fug und Recht,
auch noch nach vielen Stunden:
„Die Männer sind so schlecht."

Nach Wilhelm Müller „Der Lindenbaum" 1823 aus dem Zyklus
„Die Winterreise"

Menschheitstraum

Es war, als hätt' die Liebe
die Weisheit wachgeküsst,
damit im Weltgetriebe
sie ihre Fahnen hisst.

Ein Ruck ging durch die Menschheit,
die Völker träumten sacht
von Freiheit und von Gleichheit,
das Feuer war entfacht.

Und alle Seelen spannten
die Flügel aus im Nu,
flogen wie verwandelt
in Liebe einander zu.

Nach Josef von Eichendorff
„Es war, als hätt' der Himmel die Erde still geküsst" 1835

Wortgefecht

Es brach der Sturm ein Wort vom Zaun,
von vielen Wörtern eines,
das eine Wort, es stand im Raum,
scharf zugespitzt wie keines.

Und dieses Wort, so leer es war,
drang tief hinein ins Herz,
verhakte sich dort ganz und gar
mit angestautem Schmerz.

Nach Eduard Mörike „Es blies der Wind ein Blatt vom Baum

Der unverstandene Mann

Mir träumte,

ich zog ein Messer aus der Wand,

schnitt ab mir die Finger der rechten Hand,

sie lachte und sagte: „Hör auf, lass es sein,

du weißt doch, ich lieb dich, doch niemals allein."

Ich fluchte, zerschnippelte ihr das Gesicht,

sie lachte und sagte: „Ich begehre dich nicht",

goß herbes Parfüm sich ins Dekolleté

und warf lasziv sich aufs Kanapeé.

Knallrot die Nägel sie sich dort lackierte,

mich lautstark blamierte und noch mehr brüskierte,

ich geriet voll in Rage, verlor den Verstand,

das Weib grinste hämisch, so recht süffisant.

Darauf stach das Messer, vom Wahn wie gepackt,

ich ihr in den Leib, blutend und nackt.

sie grölte, gab mir noch `nen heftigen Tritt

hinein in den Arsch, das Messer flog mit,

ich hinterher, die Treppe hinunter,

ich schrie, wachte auf – überraschend putzmunter.

Nach Erich Kästner „Die unverstandene Frau"

Die sieben Todsünden

Du bist unanständig,
sagt die Gerechtigkeit.
Ich bin wie ich bin,
sagt die Gier.

Du säst nur Gewalt,
sagt die Liebe.
Ich bin wie ich bin,
sagt der Zorn.

Du wirst es zu nichts bringen,
sagt der Fleiß.
Ich bin wie ich bin,
sagt die Trägheit.

Du denkst nur an dich selbst,
sagt die Moral.
Ich bin wie ich bin,
sagt die Wollust.

Du bist unzufrieden,

sagt die Bescheidenheit.

Ich bin wie ich bin,

sagt der Neid.

Du wirst tief fallen,

sagt die Erfahrung.

Ich bin wie ich bin,

sagt der Hochmut.

Du lebst nur für den Genuss,

sagt die Vorsicht.

Ich bin wie ich bin,

sagt die Völlerei.

Nach Erich Fried „Es ist wie es ist – sagt die Liebe" (1921 – 1988)

Charlotte

Ein älteres Mädchen kam nach Flandern,
zu suchen dort nach einem Mann,
wollt' lieben ihn wie keinen andern,
wenn er sie zog in seinen Bann.

Sie war noch Jungfrau, unerfahren,
und wagte sich auf dies' Parkett,
wollt' endlich wissen mit den Jahren,
was es damit so auf sich hätt'.

In einer finsteren Straßenkneipe
traf sie ein Individuum,
erwerbslos, ohne feste Bleibe,
doch trotzend diesem Vakuum.

Glaubhaft sprach er von der Misere,
die ihn so plötzlich überkam,
von Geldverlust und Männerehre,
von Frauen und Erlösungswahn.

Prompt fühlte sie sich hingezogen
zu diesem Mann, der um sie warb,
mit Suizid ihr mehrfach drohte,
falls sie ihm Lust und Ehr' verdarb.

So kam es, wie es kommen musste,
Charlotte tat's aus Pflichtgefühl,
fünf Wochen drauf ganz plötzlich wusste,
dies erste Mal, es war kein Spiel.

Sie konnt' es anfangs gar nicht fassen,
was ihr in dieser Nacht passiert',
sie hatte sich verführen lassen,
von einem Schurken, schlecht situiert.

Nach Frank Wedekind „Brigitte B."

Kleiner Unterschied

Ein Männlein steht im Walde,
ganz still und stumm,
hält Ausschau nach dem Fräulein,
sehr blond, nicht dumm.

Sagt, wo mag das Fräulein sein,
attraktiv, jungfräulich rein,
mit dem purpurroten Mündelein?

Ein Fräulein steht im Walde,
ganz still und stumm,
hält Ausschau nach dem Männlein,
ob alt, ob jung.

Sagt, wo mag das Männlein sein,
ledig, mutterseelallein,
auf Knien um sie werbend,
mit `nem Schatz am Bein?

Nach dem Volkslied „Ein Männlein steht im Walde"

Kampfspiel

In seinem Fernsehgarten,

das Quizspiel zu erwarten,

steht der kluge Meister,

um ihn die Kandidaten,

und rings in halbem Kreise

das Publikum, um mitzuraten.

Und wie er winkt mit dem Finger,

da tut sich auf der weite Zwinger,

und hinein in bedächtigem Schritt

der erste Kandidat nun tritt.

Und sieht sich stumm

rings um,

lacht frohen Mutes,

erwartend nur Gutes,

und streckt die Glieder

und setzt sich nieder.

Und der Meister winkt wieder,

da öffnet sich behend

ein zweites Tor,

daraus rennt

mit keckem Sprunge

ein anderer hervor.

Er gleich den Konkurrenten erblickt,

kurz zu ihm hinübernickt,

des Sieges gewiss ihm stolz zeigt den Finger

und setzt sich nieder

im Kandidatenzwinger.

Und der Meister winkt wieder

und speit in dem Haus

zwei knifflige Fragen aus.

Da bahnt sich aus des Publikums Geraune

ein heißer Blick aus Frauenauge,

wendet sich an Kandidat Nummer eins:

„Mein Schatz, ist deine Liebe so heiß,

wie du mir's schwörst bei Tag und bei Nacht,

dann schau', dass du erringst den Preis,

nur für mich, s'wär doch gelacht!"

Der Kandidat schon bemüht sein kleines Gehirn

und runzelt und runzelt gar mächtig die Stirn,

löst dann

mit festem Willen

und noch mehr Glück

das schwierige Rätsel

mit triumphierendem Blick.

Da schallt schon das Lob aus zärtlichem Munde,
verheißt ihm auf ewig Treue und Glück,
doch der Kandidat wirft den Blick nur hämisch zurück:
„Den Dank, meine Liebe, begehre ich nicht."

Und verlässt sie zur selbigen Stunde.

Nach Friedrich von Schiller „Der Handschuh" 1797

Macht der Sprache

Worte, sie fallen. Fallen wie von selbst.
Als entsprängen sie himmlischen Quellen.
Sie fallen und plätschern wie sprudelnde Wellen.

Und in den Nächten fallen die Worte der Liebe
wie Sterne in die Zweisamkeit.

Worte, sie fallen.
Hier und da und dort.
Sieh dir die Worte an!
Sie schmeicheln, loben, säuseln und flöten.
Sie schneiden, verletzen, kränken und töten.

Und doch ist Einer, der die Allmacht der Worte
unendlich sanft in seinen Händen hält.

Nach Rainer Maria Rilke „Herbst" 1902

Geduld und Ungeduld

Man darf nicht allen Dingen
ihre eigene
ungestörte Entwicklung lassen,
austragen und gebären,
es wäre fatal.

So wie der Mensch den Baum beschneidet,
damit er reiche Früchte trägt,
so müssen auch Dinge
von Auswüchsen befreit werden,
um nicht in die falsche Richtung zu laufen.

Habt Geduld
mit den ungelösten Fragen des Lebens,
die verschlossenen Stuben gleichen,
aber Ungeduld, wenn es gilt zu handeln.
Wehret den Anfängen!

Wenn man sich den Fragen stellt,
lebt man eines Tages
ganz sicher
in die Antwort hinein.

Nach Rainer Maria Rilke (1875-1926) „Was mich bewegt"

Sittencodex

43

Reinlichkeit und Zucht und Ordnung

für das deutsche Ehebett!

Danach lasst uns alle streben,

sittsam, brav, keusch und adrett!

Matratzenkult und Spannbetttuch

sind des Glückes Garantie.

Blüht im Glanze dieses Glückes,

Sexualität und Phantasie!

Nach Hoffmann von Fallersleben „Deutsche Nationalhymne: Einigkeit und Recht und Freiheit" 1841

Versuchung

Wer wagt es,
Sportler und Athleten,
zu brechen den Rekord?
Denkt an den Ruhm und die Moneten,
Doping heißt das Zauberwort!
Tut es eurem Volk zur Ehr'!
Also spricht der Funktionär.

Und die Läufer in dem Saal
vernehmen's wohl und schweigen still,
vor ihren Augen der Pokal,
doch keiner ihn gewinnen will.
Der Funktionär noch einmal fragt:
„Ist keiner, der sich daran wagt?"

Da tritt ein Jüngling keck hervor,
pfeift auf Sitten, Eid und die Moral.
„Wenn's sein muss, dann tu ich's,
auch wenn Fairness ich schwor,
eurem Willen ich treu und demütig mich beug'
und nehm' dieses elende, teuflische Zeug."

Er geht an den Start und Gott sich befiehlt,
als Bote des Himmels zu siegen,
einen Schrei des Entsetzens man ringsum kurz hört:
„Wird er sich nicht selbst betrügen?"
Der sehnige Körper, mit Ehrgeiz gepaart,
schießt wie ein Pfeil in rasender Fahrt.

Und er stöhnet und kämpfet und japset und keucht,
wie wenn Wasser mit Feuer sich menget,
bis zum Himmel schreit der sportliche Geist,
der ihn antreibt und stets vorwärts dränget.
Noch wenige Meter, dann erringt er den Preis
als Lohn für den vielen vergossenen Schweiß.

Und er atmet nun kurz und atmet kaum mehr
und stürzt in das heilige Ziel,
das Herz bleibt ihm stehen, die Beine sind schwer,
dann bricht er zusammen, es war ja kein Spiel,
und er keucht und stammelt mit welkem Gesicht:
„Habt acht, o ihr Menschen, versündigt euch nicht."

Nach Friedrich von Schiller „Der Taucher" 1797

In Ketten

Mühsam, durchs Leben zu wandern,
mit dir, trotz Schwur und Trauschein,
keiner vertraut wirklich dem andern,
fühlt sich verkannt und allein.

Voll von Freunden war mir die Welt,
als ich allein mit mir selbst war,
nun, da du dich vor mich gestellt,
ist keiner mehr sichtbar.

Wahrlich, niemand ist weise,
der den Zustand nie hat gekannt,
der unentrinnbar und leise,
dich ständig blockiert, wie eine Wand.

Mühsam, in Ketten zu wandern,
Leben ist Einsamkeit,
kein Mensch kennt den andern,
jeder ist allein.

Nach Hermann Hesse „Im Nebel" 1905

An den Vater

Bedecke dein Antlitz, o Vater,
mit dem Schleier der Schande!
Ich kenne nichts Ärmeres unter der Sonne
als dich.

Als ich ein Kind war,
nicht wusste, wo aus, wo ein,
kehrt' ich mein suchendes Auge zu dir,
als wenn darüber wär' ein Ohr,
zu hören meine Klage,
ein Herz wie meins,
sich der Bedrängnis zu erbarmen.

Wer half mir
gegen deine Übermacht?
Die Mutter? O nein!
Deine Fäuste erschlugen mich,
zertrümmerten meine Seele.
Jedes Wort,
messerscharf in mein Herz sich bohrend,
ließ es erlöschen,
das zarte Flämmchen der Hoffnung.
Du machtest aus mir einen Zwerg,

der sich duckte,
stets auf der Flucht,
nicht wissend wohin.

Ich dich ehren? Wofür?
Hast du die Schmerzen gelindert
des Beladenen?
Hast du die Tränen gestillt
des Geängstigten?
Hat mich nicht zum Manne geschmiedet
die allmächtige Zeit
und das Schicksal,
das gnadenlos mich heimsuchte?

Hier liege ich
im Kreise von Menschen,
die mir gleichen,
gepeinigt, gemartert,
verloren.

Ich kann nicht anders.
Gott helfe mir!
Amen.

Nach Johann Wolfgang von Goethe „Prometheus" (1772 – 1774)